Rooh Se Rooh Tak

Meri Dil Se Tumhare Dil Tak

Karan Bardia

BookLeaf Publishing
India | USA | UK

Made with ❤ on the BookLeaf Publishing Platform
www.bookleafpub.in
www.bookleafpub.com

Dedication

For someone whose presence turns ordinary days into
times to remember.

To the one who taught me that poems aren't just written
—they're lived,
and you've made mine extraordinary.

To the one who unknowingly became my every
metaphor,this book belongs to you.

These poems were not written with ink alone,
but with pauses, glances, unsent words,
and the quiet moments when your presence
lingered even in your absence.

Every verse carries a trace of you—
in the way love hesitates before speaking,
in the way longing learns patience,
and in the way the heart finds courage
simply by remembering.

You were never just a muse;
you were the feeling that made words necessary.
When emotions overflowed what silence could hold,

poetry became my only honest language.
If these poems ever find their way to your hands,
know that they were born from admiration,
shaped by affection,
and preserved by gratitude.

This book is my gentle confession—
not demanding to be understood,
only hoping to be felt.
For you,who turned ordinary moments into verses,
and love into literature.

Preface

Love has always been the quiet force that shapes the world—felt in whispers, remembered in echoes, and rediscovered in the soft spaces between breaths. This collection is born from those moments: the ones that arrive unexpectedly, linger gently, and leave behind a trace of warmth long after they pass.

These poems are not just about love as an emotion, but love as a journey—tender, imperfect, transformative. May these verses remind you of every heartbeat you've cherished, every silence you've understood, and every soul who has ever felt like home.

Acknowledgements

My deepest gratitude to the one who inspired these pages—your presence, your kindness, and your love breathed life into every line.

To my friends and family who believed in my words long before I did, thank you for giving me the courage to share this part of my heart with the world.

And to every reader who opens this book: thank you for allowing my emotions to meet yours.

1. Meri Ek Dost

Ek dost meri aisi hai jo har dum saath rethi hai,
Tu karlega re, tere se hojayega har baar mujhse kehti hai,
Main aisa waisa jaisa bhi hoon mujhe har waqt apna leti hai,
Hai woh badi strict aur badi reserved,
Par mere liye woh sab kuch bhula deti hai.

Mere sapne mano usko apne lagte hain,
Main so bhi jauon toh bhi mere sapne uski aankhon mein jagte hain,
Main haar jauon kabhi toh bhi woh nah harti hain,
Mere sapno ko woh mujhse zyada apna manti hain,
Khuda ki inayat hai mujhpe ho mujhe mili hai woh,
Tabhi toh shayad woh mujhe mujhse zyada janti hain.

Main apne saare sapno ko ussi ko batata hoon,
Aur unhe kaise pura karna hai yeh ussi se seekh pata hoon,
Duniya waale kuch bhi bolein mujhe main bilkul nahin ghabrata hoon,

Ab duniya ko kaun samjhaye ki ek dost hai meri jo
taaqat hai meri,
Aur woh hamesha mere saath khadi rahegi chahe kuch
bhi ho jaye yeh baat bade vishwaas ke saath janta hoon.

Main thak bhi jauon kabhi toh woh rukne nahin deti hai,
Main kitna bhi Darr jauon woh mujhe harne nahin deti
hai,
Koi aur kitni bhi koshish karle woh mujhe jhukne bhi
nahin deti hai,
Mere kamiyabi tak ka safar kabhi tanha nahin rehta,
Kyunki woh har dum har waqt aur har mahaul me
in mera saath deti hai.

2. Kar Paogi Kya

Meri ek choti si khwaish hai tum usse pura kar paogi
kya,
Ki bas hamesha mere saath raho aisa kuch intezaam kar
paogi kya,
Zyada kuch nahin chaiye mujhe zindagi mein,
Mera sab kuch lekar sirf apna pyaar mujhe de paogi kya.

Yun toh tumse koi naraz nahin ho sakta par kabhi agar
hua naraz toh mujhe mana logi kya,
Zindagi ka kya bharosa kab chali jaye par jab tak zinda
hoon mere saath rahogi kya,
Laalach ya hasraat nahin hai mujhe tumhari,
Bas mere har sapne ke badle tum saath rehne ke sapne
ko haqeqaat bana paogi kya.

Yun toh bada ziddi hoon par tumhare samne agar kabhi
zidd karunga toh tum usse pura kar paogi kya,
Mana tumhare jitni happening nahin hai life meri par
mujhe apni uss happening life ka ek chota hissa bana
paogi kya,

Tumhara waqt bahut keemti hai yeh main janta hoon,
Bas uss keemti waqt mein se mujhe thode pal de paogi kya.

Intezaar karunga tumhara wahin jahan tum chod jaogi tum batao tum wapas aa paogi kya,
Zindagi bhar ka bhi waqt agar maang lo toh bhi koi gum nahin bas itna bata do tum mujhe haan keh paogi nahin,
Aaj se 50 saal baad jab main apne ghar ke darwaze par dastak doon,
Toh ghar ki malkin ki tarah ghar ka darvaza kholne ka vaada kar paogi kya.

Tum agar mil jao toh meri zindagi ka har faisla tumhare havale tum mere liye saare faisle le paoogi kya
Main toh bada nikaama aur nakara hoon tum mujhe sambhal paaogi kya,
Main toh tumhe apni rooh banana chahta hoon,
Tum kahin iss gareeb ke dil mein sama paaogi kya.

Maanlo kabhi pad gaye rishte kamzoor hamare tum unn rishton ko majboot kar paaogi kya,
Sunna hai badi paaki ho tum rishte nibhane mein mere saath yeh naya rishta nibha paogi kya,
Zyada kuch nahin chaiye mujhe tumse,
Bas mere beshumar pyaar ke badle mujhe sirf apne dil ka ek chota sa hissa de paogi kya.

Agar kahun ki aana chahta hoon tumhare paas toh kya
tum apne paas aane dogi kya,
Ho jaun agar kabhi akela iss duniya mein toh tum mera
haath thamogi kya,
Tumhare paas aana toh dur tumhari ijazat ke bagair
tumhe chunga bhi nahin
Par apne ishq ko batane ka, usse zahir karne ka mujhe ek
mauka de paaogi kya.

Mujhe bas tumhare saath baithna hai tumse baat karni
hai tum kya mujhe sirf aaram se sun paaogi kya,
Koi aur khaas dost nahin hai mera tum meri woh khaas
dost ban paaogi kya,
Main zyada kuch nahin keh pata,
Tum sirf meri aankhein padhkar mere dil ke haalat
samajh paaogi kya.

Mujhe zyada akele rehna pasand hai tum uss akelpan
mein mere saath reh paaogi kya,
Tumhara mann na ho mujhe dekhne ka toh zindagi bhar
tumse dur rahunga par apni muskurati hui ek photo tum
mujhe bhej paaogi kya,
Maana kuch nahin maang kar bhi bahut kuch maang
raha hoon,
Par sab kuch bhul jao tum batao tum sirf mera saath de
paaogi kya.

Mana bahut zyada maang raha hoon par sab kuch bhul
jao bas meri ishq ko izhaar karne ki iss iccha ko pura
karne dogi kya,
Tumhara jawaab jo bhi ho usse pure mann se maan
lunga par tum mere proposal ko ek baar consider kar
logi kya,
Zyada kuch nahin chaiye mujhe bas tum khush raho yeh
hi mera laksh hai,
Mere saath lifetime ka partnership agreement sign kar
paogi kya.

Ab bata diya hai maine tumhe sab kuch ab tum batao
tum mere saath khush reh paaogi kya,
Tumhe mere saath rehne ke liye kuch nahin badalna hai
bas batao tum apna address badal paaogi kya,
Ab bas intezaar rahega tumhare jawab ka,
Tum batao tum aa paaogi kya aur mujhe haan keh
paaogi kya.

3. Pasand Hai Mujhe

Pasand hai mujhe,
Woh aapka yun sharmana,
Woh aapka yun halka sa ghabrana,
Woh aapka yun muskurana,
Pasand hai mujhe.

Pasand hai mujhe,
Woh aapka yun mujhko satana,
Woh aapka yun mujhko saj ke dikhana,
Woh aapka yun sadgi ke saath sundarta ko darshana,
Pasand hai mujhe.

Pasand hai mujhe,
Woh aapka yun mujhse aankhein Milana,
Woh aapka yun mujhe jhat se samajh Jana,
Woh aapka yun mujhe zindagi ka sabak sikhana,
Pasand hai mujhe.

Pasand hai mujhe,
Woh aapka yun mujhe meri kamiyon ke saath apnana,

Woh mujhe meri har mushkil ghadi mein saath nibhana,
Main hoon tumhare saath kehkar mera hausla badhana,
Pasand hai mujhe.

Pasand hai mujhe,
Woh Meri aankhon aur meri awaaz se mere andar chal
rahe kashmakash ko samajh Jana,
Woh mere chere se mere andar ke dard ko mehsoos kar
jana,
Woh Roz mujhse baat karke mujhe hasana,
Pasand hai mujhe.

Pasand hai mujhe,
Woh aapka dur hokar bhi mera saath nibhana,
Woh bina kuch kahe mera dhyan rakh jana,
Woh meri choti choti khusiyon ko samajh kar usmein
khush ho jana,
Pasand hai mujhe.

Pasand hai mujhe,
Woh aapka mere saath meri tarah baccha ban jana,
Woh aapka har waqt kabhi dost kabhi aur kabhi mere
Jeevan Saathi ki tarah mera saath nibhana,
Woh aapka mere parivaar ko bilkul apne parivaar ki
tarah apnana,
Pasand hai mujhe.

Pasand hai mujhe,
Woh aapka yun meri zindagi mein aana,
Woh aapka mujhe yun apna banana,
Woh aapka mujh jaise pagal ko ek Jeevan Saathi ke roop mein pasand kar jana,
Pasand hai mujhe.

Pasand hai mujhe,
Woh aapka mujhse khulkar sab keh jana,
Woh video call par befikr hokar so jana,
Woh roz der raat hone par bhi mujhse baat karte jana,
Pasand hai mujhe.

Pasand hai mujhe,
Woh aapke mere saath zindagi bitane ke liye khushi Khushi Maan Jana,
Woh mujhe mere motape ke wajah se reject na karke jana,
Woh aapka mere haalat mere jazbaat ko samajhna aur mujhe mere liye apnana,
Pasand hai mujhe.

4. Zindagi Ko Bagh Kar Gayi

Tu titli ki tarah aayi aur zindagi ko bagh kar gayi,
Meri baarbaad zindagi ko aabaad kar gayi,
Kuch yun badal diya uski ek jhalak ne meri zindagi ko,
Ki tu aayi aur mere saare napaakh iradon ko paakh kar gayi.

Apni ek haasi se mere dil pe ishq ka ghaav kar gayi,
Nazaron ke ishaaron se mera qatl-e-aam kar gayi,
Kuch yun aayi tu zindagi mein meri,
Ki bigade hue shaitaan ko haasta hua insaan kar gayi.

Tu mujhe dozat se utha kar jannat ke paas rakh gayi,
Meri shirt par chuma usne aur gaalon pe haath rakh gayi,
Par talab thi numaish ki mujhe bhi,
Maine tera haath pakda toh tum mere haathon mein apna haath rakh gayi.

Tumhe paane ki, zindagi bhar chahne ki khwaish ko sakar kar gayi,

Mere saare dukhon ko apne naam kar gayi,
Khuda ne badi fursat mein banaya hai usse kyunki,
Woh Mujh bigde, betuke aur besharam insaan mein bhi pyaar bhar gayi.

Badi massom hai tu, tu meri baat nahin samajhti,
Mere bhaav dekh rahi hai par mere haalat nahin samajhti,
Kuch yun bachpana hai tere svabhav mein,
Ki sab kuch jaanti hai par mere jazbaat nahin samajhti.

Kehna bahut kuch hai tujhe par tu mujhe kuch khaas nahin samajhti,
Bayan karna chahta hoon sab kuch par tu nasamajh mere alfaaz nahin samajhti,
Mann toh karta hai ki bas keh doon usse sab kuch,
Par badi masoom hai na jaane kis din mein khoyi rehti hai woh meri raat nahin samajhti.

5. Tum Uss Tarah Ki Ladki Ho

Tum uss tarah ki ladki ho
Tum uss tarah ki ladki ho jiski tasveer batve mein rakhi jaati hai,
Jiske aane ki khabar khud hawayein lekar aati hai,
Jiske aane se baharein cha jaati hai,
Jiske bas muskurane se meri duniya badal jati hai,
Tum uss tarah ki ladki ho.

Tum uss tarah ki ladki ho jiski baatein sirf suni nahin balki mehsoos Kari jati hai,
Jiski yaadein bhi ek sukoon ka ehsaas kara jaati hai,
Jiski baatein zindagi ka salika sikha jati hai,
Jiski awaaz kanoon ko ek surila ehsaas kara jati hai,
Tum uss tarah ki ladki ho.

Tum uss tarah ki ladki ho jis par ghazalein likhi jaati hai,
Jisse dekh kar chand ki yaad aati hai,
Jiski chavi har jagah nazar aata hai,
Jiski sadagi ki kasmein duniya khati hai,

Tum uss tarah ki ladki ho.

Tum uss tarah ki ladki ho jiske aane ki khabar titliyaan lekar aati hai,
Jiske muskurane bhar se har jagah khushi cha jati hai,
Jiske samne phoolon ko bhi apni khoobsurati pheeki nazar aati hai,
Tum uss tarah ki ladki ho.

Tum uss tarah ki ladki ho jiske baalon mein lagne ke liye har subha phool ugg aate hain,
Jisko dekhkar bhawarein bhi sharma jaate hain,
Jisko dost bhabhi keh kar bulate hain,
Tum uss tarah ki ladki ho.

Tum uss tarah ki ladki ho jisse ladke apni maa se milvana chahte hain,
Jiske saath ladke apna ghar basana chahte hain,
Jisse sab sarvagun sampan mante hain,
Tum uss tarah ki ladki ho.

Tum uss tarah ki ladki ho jo sab mausamon ko apne saath lekar chalti ho,
Sirf apne baalon ko jhatak kar baarish kar deti ho,
Bas thoda sa muskurakar pathjhad ko basant kar deti ho,
Tum uss tarah ki ladki ho.

Tum uss tarah ki ladki ho jisse sab pasand karte hain,
Jiske saath sab khush rehte hain,
Jiski muskaan par sab marte hain,
Jisko khone se sab darte hain,
Tum uss tarah ki ladki ho.

6. Tum Kya Ho

Kaise batauon ki tum mere liye kya ho

Tum mere jeevan ka geet ho,
Tum meri dhadkano ka sangeet ho,
Tum preet ho, manmeet ho, Tum meri zindagi ki sabse khoobsurat jeet ho.

Tumhein kaise bataon tum mere liye kya ho,
Tum mere har sawaal ka jawab ho,
Tum mere zindagi ka sabse nayab khwaab ho,
Tum mere jeevan ka har baar milne wala hisaab ho,
Tumhe kaise batauon tum kya ho,
Tum koi aam insaan nahin tum bade lajawaab ho.

Tum zindagi ho bandagi ho, Tum sadagi ho, tum humnasheen ho,
Tum paas bhi ho, tum dur bhi ho,
Tum aaj bhi ho, tum kal bhi ho,
Tum raat bhi ho, tum din bhi ho,
Tum ugate suraj ka prateek bhi ho, tum dhalte shaam ki

tazagi ho,
Tum kaise batauon tum kya ho,
Tum sirf dil mein nahin tum har kahin ho.

Mera hasna bhi tum,
Mera rona bhi tum,
Mera haarna bhi tum,
Mera jeetna bhi tum,
Mera jagna bhi tum,
Mera sona bhi tum,
Mera har sangeet bhi tum,
Mera har ghazal bhi tum,
Tumhe kaise batauon tum kya ho,
Main jahan jauon wahan ho tum.

Mere aankhon mein tum,
Mere khwaaboon mein tum,
Mere haar soch mein tum,
Mere haar kaam mein tum,
Main jahan jauon wahan ho tum,
Tum kaise batauon tum kya ho,
Mere liya khuda sabse khoobsurat tofha ho tum.

7. Ek Dost Hai Meri

Ek dost meri aisi hai jo har dum saath rethi hai,
Tu karlega re, tere se hojayega har baar mujhse kehti hai,
Main aisa waisa jaisa bhi hoon mujhe har waqt apna leti hai,
Hai woh badi strict aur badi reserved,
Par mere liye woh sab kuch bhula deti hai.

Mere sapne mano usko apne lagte hain,
Main so bhi jauon toh bhi mere sapne uski aankhon mein jagte hain,
Main haar jauon kabhi toh bhi woh nah harti hain,
Mere sapno ko woh mujhse zyada apna manti hain,
Khuda ki inayat hai mujhpe ho mujhe mili hai woh,
Tabhi toh shayad woh mujhe mujhse zyada janti hain.

Main apne saare sapno ko ussi ko batata hoon,
Aur unhe kaise pura karna hai yeh ussi se seekh pata hoon,
Duniya waale kuch bhi bolein mujhe main bilkul nahin ghabrata hoon,

Ab duniya ko kaun samjhaye ki ek dost hai meri jo
taaqat hai meri,
Aur woh hamesha mere saath khadi rahegi chahe kuch
bhi ho jaye yeh baat bade vishwaas ke saath janta hoon.

Main thak bhi jauon kabhi toh woh rukne nahin deti hai,
Main kitna bhi Darr jauon woh mujhe harne nahin deti
hai,
Koi aur kitni bhi koshish karle woh mujhe jhukne bhi
nahin deti hai,
Mere kamiyabi tak ka safar kabhi tanha nahin rehta,
Kyunki woh har dum har waqt aur har mahaul mein
mera saath deti hai.

8. Ek Kavita Likh Raha Hoon

Main ek kavita nahin ek ehsaas likh raha hoon,
Uss kavita mein tujhe kuch khaas likh raha hoon,
Hai tu dur abhi mujhse,
Par iss kavita ke zariye tujhe apne paas likh raha hoon.

Tere saath rehna chahta hoon tere saath jeena chahta
hoon yeh khwaab likh raha hoon,
Iss kavita mein khuda ko yeh ardaas likh raha hoon,
Waise toh keh nahin pata hoon Jo mann mein hai mere,
Bas aaj iss kavita ke zariye apna iqraar likh raha hoon.

Jab main tumse Mila tha jab maine tumse phele baar baat
kari thi woh lamha likh raha hoon,
Tumse pheli mulaqaat mein hi pasand aa gayi tum yeh
baat likh raha hoon,
Ab hum saath hokar bhi apni majbooriyon ke wajah se
dur hain ab milna hai tumse,
Bas uss mulaqat ki aas likh raha hoon.

Tumhe anjaan se apni pehchan banane ki dastaan likh raha hoon,
Pehchaan bante bante jaan banane ki kahani likh raha hoon,
Meri iss adhuri si zindagi mein,
Tumhe usse puri karne wali kadi likh raha hoon.

Tumhe apnanse se lekar tumhe apna banane ki khushi likh raha hoon,
Apna banate banate tumhe apna guroor banane ki khushi likh raha hoon,
Meri zindagi ki saari khushiyan ko ek taraf karke,
Tumhe apni zindagi ki Sabse badi khushi likh raha hoon.

Tumhare aane se baldi soch meri bas uss badli soch ko likh raha hoon,
Shabdh kavita ke rang mein Dhal kar aane lage zehen mein mere bas unhi shabdon ko kagaz par likh raha hoon,
Yun toh koi shayar nahin hoon main,
Par tumahare aane se aayi hai jo shayari mujhe bas ussi ko jod kar usmein apne pyaar ko ghol kar,
Tumhare liye kuch khaas likh raha hoon,
Main kavita nahin uss kavita mein apna iqraar likh raha hoon.

9. Dil Ki Baat Kehna Chahta Hoon

Suno tumse main aaj apne dil ki baat kehta hoon,
Iss duniya mein sabse zyada pyaar main tumse karta hoon,
Log kehte hain koi mel nahin hai mera aur tumhara,
Par kaise samjhaun sabko ki mera phela aur akhri ishq main sirf tumse karta hoon.

Iss duniya ki har cheez ko main aam karar karta hoon,
Tu hai mere liye sabse phele aur sabse zarori aaj yeh ailaan karta hoon,
Maana hoon thoda nalayak par saccha ishq hai tumse,
Aur iss sache ishq ke badle thodi si hi sahi tumhare dil mein thodi jagah toh main bhi deserve karta hoon.

Tum yeh mat samjhna ki main time paas karta hoon,
Tumse aur tumhari har cheez se main saccha pyaar karta hoon,
Maana ki nahin hai mujhe experience hai relationship ka aur na hi iss naye rishte ka,

Par mera track record dekh lena aap kabhi bhi main jis cheez ko shiddat se chahun usse nibhane ke liye apni jee jaan se lad sakta hoon.

Tumse jhagda toh dur ki baat hai main toh tumse beshumar pyaar karta hoon,
Shayari toh bahana hai main toh iske zariye tumhare prati apne jazbaat bayan karta hoon,
Mujhe nahin hoti hai baat par tumse baat karne ka mann bada karta hai,
Kehna bahut kuch hai par darr jata hoon shayad ishq bayan kar diya toh dosti bhi tutt jayegi issi khayaal se main darr jata hoon.

Tumhari feelings kabhi bhi nahin khelta hoon,
Mujhe aisa waisa ladka mat samjhna main tumse saccha pyaar karta hoon,
Haan sabki tarah shayad jazbaat na keh pauon na hi sabke samne ishq apna bayan kar pauon,
Par khuda ki kasam main sirf aur sirf tumse pyaar karta hoon.

Agar tumhe pani ke apna ishq Sare aam bayan kar sakta hoon,
Tum mujhe road side romeo na samjho iske liye izzat se tumhari haan ka zindagi bhar wait kar sakta hoon,
Main karta hoon tumse pyaar aur sirf tumhi se karunga,

Ab bad tumhari haan ka intezaar hai kyunki main toh
tumhare saath apni zindagi bayan karna chahta hoon.

Apni puri zindagi main tumhare saath bitana chahta
hoon,
Tumhe apna dost nahin balki apna jeevan saathi banana
chahta hoon,
Kya hoga kaisa hoga mujhe nahin pata,
Bas yeh umeed hai ki main tumhare saath hi budha hona
chahta hoon.

Na ishq phele kabhi hua aur na shayad hoga kyunki
main tumse kiya ishq barkarar rakhna chata hoon,
Tum haan kaho ya na bas tumse dil o jaan se mohhbat
hai yeh batana chahta hoon,
Mujhe sab ne kaha yeh baatein rubaro hokar ki jata hi
naki msg par,
Shayad tumse sharmata hoon isiliye shayari ke zar
iye apni baat bayan karna chahta hoon.

10. Mujhe Usse Dekhna Pasand Hai

Mujhe chand dekhna pasand hai,
Usse chand jaisa dikhna pasand hai,
Mujhe usko hasan pasand hai,
Usko meri baaton par hasna pasand hai,
Yun toh bahut nayab log hain duniya mein,
Par mujhe usse khoobsurat dekhna pasand hai,
Aur usse mere liye khoobsurat dikhna pasand hai.

Woh badi aashrasth hai woh apne daag nahin chupati hai,
Aakhon mein kajal aur maathe par bindi nahin lagati hai,
Apne hoton ko woh yun hi rukha sa chod deti hai,
Jab muskurati hai toh samajh ke saare bandhano ko tod deti hai,
Itna sehaj hai ki kabhi kisi se irsha nahin karti,
Par jab khud par aati hai toh Puri duniya ko akele hi jhel leti hai.

Ab usse kaun sikhye sajna Swarna,

Kaun usse sikhaye usse ban than ke chalna,
Darta hoon usske seekh jaane se badal na jaye duniyaa ka haal warna

Main khush hoon,
Main khush hoon woh aaiyne se apna haal nahin poochti,
Haan, hoon main yeh woh kuch zyada sawaal nahin karti,
Socho agar woh kahin kajal laga le,
Apne uljhe baalon ko bas Yun hi thoda sa sawar kar suljha le,
Kahin yeh zamana usse dekh apna rukh na badal de,
Kahin palat kar uske peeche peeche na chal de,
Hawayein bhi usse dekhne ke liye ruk na jaye kahin,
Kyunki Maine jabse usse dekha hai main toh khada hoon bas wahin.

11. Jata Doon Kya

Aaj bahut Mann ho Raha hai batao thoda sa pyaar jata doon kya,
Aap mujhe bahut pasand ho yeh sabke samne bata doon kya,
Na koi Darr hai aur na hi koi sharam hai mujhe,
Aaj besharam hokar aap sirf mere ho yeh sabke samne bata doon kya.

Aapki ijazat ho toh aapne haathon ko aapke haathon mein thama doon kya,
Meri har khushi har kamiyabi ka haqdaar aapko bana doon kya,
Bahut iccha ho Rahi hai mann mein kuch kehne ki,
Agar aapko ijazat ho toh aapko main wife kehkar bula loon kya.

Bahut suna hai mera kamra usmein aapki ek tasveer laga doon kya,
Ghar ke bahar lagi taqhti mein aapka naam laga doon kya,

Agar zyada bol raha hoon toh rok dena mujhe,
Par kya karon bada Mann kar Raha hai aapko khud se har tarah se jodne ki ijazat ho toh aapko khud se jod loon kya.

Akele rehte rehte thak Gaya hoon aap bahut jald aaoge rehne mere saath yeh umeed laga loon kya,
Aapse dosti karke bahut accha laga mujhe iss dosti ko aur aage badha loon kya,
Din bhar toh aapke baare mein likhne mein bita diya maine,
Agar ijazat ho toh aapke baare mein sochte hue raat bita loon kya.

12. Bas Ab Toh

Bas ab toh ek pyaari si mulaqat ho,
Hum dono ek saath ho,
Tum baithi raho samne mere,
Aur sirf ankhon hi ankhon mein baat ho.

Woh milne ke pal bhale hi kam par bade khaas ho,
Har lamha jo mile mujhe usmein bas tera ehsaas ho,
Rahoon bas tumhare saath itni hi khwaish hai,
Khuda kare ab bas bahut jald tum mere paas ho.

Manna dur hain hum par video call ke zariye tum mere saath ho,
Keh nahin pata hoon bol nahin pata hoon par tum mere liye bahut khaas ho,
Ab toh bas kuch mahino ki baat hai,
Phir toh hamesha ke liye tum
mere paas ho.

13. Karan Main Banu

Kash Teri khusiyon ka karan main banu,
Tere har zakhm pe marham main banu,
Tu muskuraye toh khil uthtata hai jahan sara,
Bas khwaish toh yahi hai meri,
Ki tere hooton par aayi woh muskaan main banu.

Koi dukh ho koi taqleef ho toh Sahara main banu,
Tere har ghabrahat bhari naav ka sukoon bhara kinara main banu,
Toh jo chahe woh paaye apni zindagi mein,
Aur teri har khwaish ko pura karne ka zariya main banu.

Suna hai teri dosti badi shiddat wali hai Kaash aisa dost main banu,
Pyaar ka phela panav hai Kaash aapki dosti se badhkar aapke pyaar ka haqdaar main banu,
Suna hai badi immandari hai aapke har rishte mein jo bhi aap banate ho,
Ab toh bas yahi dua hai ki aapki dosti aur aapke pyaar ke rishte ko nibhane layak wafadar main banu.

14. Kisko Dekhoon Ya Na Dekhoon

Kisi shaqs ko dekhoon ya na dekhoon bas ek shaqs ko dekhna hai,
Mere zehen mein tasveer hai jiski bas ussi ko robaroo dekhna hai,
Sabne kaha tha khuda ki banayi nayab cheezon mein se ek hai woh,
Mujhe toh bas uss nayab khoobsurati ko sirf ek jhalak dekhna hai.

Ek jhalak dekh kar mujhe usse bahut kuch kehna hai,
Maine badi shiddat se managa hai tumhe khuda yeh kehna hai,
Waise toh meri kya aukaat ki kuch keh sakoon uske samne,
Par apni gustaki ki maafi chahte hue,
Main qayal hoon aapka aur aapki khoobsurati ka, kya reh sakta hoon hamesha aapke saath, yeh kehna hai.

Woh zehen mein basa chera aapke roop mein mere

samne aa gaya bas isse ek sapna Maan kar ussi sapne
mein rehna hai,
Aap mere ho yeh dil kholkar sabse kehna hai,
Log dhundhte hain chaand ko badalon mein,
Par mujhe toh bas mere chand ki chandani mein rehna
hai

15. Bahut Pyaar Hai Tumse

Bahut pyaar hai yaar tumse,
Kya hua kaise hua kab hua pata nahin par jo bhi hai woh hai toh tumse,
Chahe kaho ki main pagal hoon,
Par jo hai so hai aur hai toh sirf tumse.

Tumhare bagiaar na reh pata hoon,
Na kha pata hoon na so pata hoon,
Na kuch accha lagta hai na kuch samajh pata hoon,
Na jaane kaise ho gaya hoon aisa pagal main,. Ki aaj kal toh khuli aankhon se pe gehri neend so jata hoon.

Na kuch samajh aata hai,
Na kuch aacha lagta hai,
Ab toh tumhara chillana, tumhara daanta bhi pyaar lagta hai,
Hadd se zyada shaayad dimaag kharab ho gaya hai mera,
Kyunki ab toh tumhara har khwaab mujhe apni zindagi ka laksh lagta hai.

Tumse na jaane apne khyaalon mein kitni baatein karta hoon,
Roz tumse ladta hoon aur roz tumhein manata hoon,
Tumhare saamne toh zubaan bhi nahin khulti meri,
Par apne sapno mein toh main tumse apni haar baat share karta hoon.

Tum dur ho mashroof ho aur tumse roz baat nahin ho pati,
Tumhe pata nahin kitna sabar rakha hai maine kyunki tumse roz mulaqat nahin ho pati,
Yeh toh shukar hai tumhari tasveeron ka ki main zinda hoon,
Warna kya pata shayad kal mere marne ki khabar aa jaati.

Tum har waqt har jagah yaad aati ho,
Dekh loon jo tumhari tasveer aisa lagta hai tum uss tasveer mein se mujhse baat karne lag jaati ho,
Tumhe yaad karna, mehsoos karna mano saans lene ke barabar hai,
Accha gussa mat hona kyunki meri inhi harkaton se shayad tum mujhe tumhare paas hone ka ehsaas karati ho.

Tumse aur kuch nahin bas tumhara saath chahiye,
Tumhe kuch bhi badalne ki zarorat nahin mujhe toh bas

tumhara saath chahiye,
Rishte kai aayenge tumhare paas tumhara sab kuch mangte hue,
Mujhe toh bas tumhara pyaar aur apne haathon mein tumhara haath chahiye.

Tum bas saath raho mere baki sab main dekh lunga,
Chahe zamane mein kisi se bhi ladna pade main lad lunga,
Arre tum agar saath ho toh kuch bhi kar sakta hoon,
Tum bas har haal mein kisi bhi aur kaise bhi haalat mein mere saath dena baki sab main sambhal lunga.

Mana ki mai koi raja toh nahin par tumhe rani banakar rakhunga,
Tumhari har khwaish ko jee jaan lagakar pura karunga,
Aree log vaade karenge chaand taare todne ke tumse,
Main shayad woh toh na kar paauon par tumhare har sapne aur har iccha ko pura zaroor karunga.

Tum mujhe kabhi chodna mat,
Dil bahut nazook hai mera usse kabhi todna mat,
Kuch buri adatein hain meri par tum mujhe daant lena, chahe maar lena,
Par tum kabhi bhi mujhse munh modna mat.

Pyaar jee jaan se karunga aisa likh ke deta hoon,
Sirf tum hi ho meri zindagi mein aisa apni khud ki kasam kha ke kehta hoon,
Tum ho toh main dikh raha hoon zinda,
Warna main toh bas yun hi saans leta rehta hoon.

16. Woh Kya Hai

Jheelein kya hain,
Uski ankhein,
Umda kya hai,
Uska chera,
Jharne kya hain,
Uski zulfein,
Khushiyan kya hain,
Uska hona.

Sunna kya hain,
Uski baatein,
Kehna kya hain,
Apni saugatein
Iccha kya hai,
Uski khwaishein
Laksh kya hai,
Uske sapne.

Sardi kya hai,
Uski chupi,

Garmi kya hai,
Uska gussa,
Baarish kya hai,
Uska rona,
Aur baharein kya hai,
Uska hasna.

Meetha kya hai,
Uski yaadein,
Kadva kya hai,
Uski udasi,
Zakhm kya hai,
Usse judaai,
Marham kya hai,
Uska chuna.

Labon ki khwaish,
Uska maatha,
Aankhon ki khwaish,
Uska hona,
Dil ki khwaish,
Usse mohhabat,
Dimag ki chahhat,
Uska saath,
Pakadna kya hai,
Uska haath,
Karna kya hai,

Usse shaadi,
Jeevan kya hai,
Uska saath,
Maut kya hai,
Usse duri.

Kya padhna hai,
Uska likha,
Kya sunna hai,
Uska kaha,
Kya paana hai,
Uska pyaar,
Kya karna hai,
Usse ikrar,
Kya khwaish hai,
Jeevanbhar ka saath,
Kya maksat hai,
Uski khushi aur dher sara pyaar.

Karna kya hai,
Usse mohhbat,
Pehchan kya hai,
Usse mohhbat,
Uske alawa kya hai,
Usse mohhbat, usse mohhbat aur sirf usse mohhhat.

17. Ek Ladki Hai

Haan hai ek ladki jo mere liye bahut khaas hai,
Kabhi itrati hai,
Kabhi balkhati hai,
Kabhi sharmati hai,
Kabhi ankhein dikhati hai,
Kabhi ek chote cockroach se darr jati hai,
Toh kabhi usmein khud mata chad jati hai,
Kabhi mujhe darati hai,
Toh kabhi khud sehem kar chup ho jati hai,
Aur dramebaaz toh bhaisaab ek number hai woh,
Hai kuch ajeeb si par mann mauji bhi hai,
Na kisi ki sunti hai,
Na kisiko ko sunane deti hai,
Bas apne mann ki karti hai,
Kabhi darr jaye toh shaant ho jati hai,
Aur agar mood mein ho toh acche acchon ke chakke
chuda deti hai,
Na duniya se darti hai,
Na duniya ko darane deti hai,
Main kabhi dukhi ho jauon toh bas apni ek muskaan se

mujhe hasa deti hai,
Usse pata bhi nahin chalta hai par woh mere liye bahut kuch kar jati hai,
Aise toh mujhe kuch nahin samajhti hai par mujhe chedne ke liye mujhe ji ji keh ke bulati hai,
Main bahut pyaar karta hoon usse shayad woh yeh baat janti hai,
Par na jaane kyun iss baat se ghabrati hai,
Main usse kabhi zabardasti nahin karta,
Kyun woh mujhe bahut pyari hai,
Bas uska hona hi meri zindagi mein bahut hai mere liye,
Woh meri zindagi ko complete banati hai,
Haan mana hai bahut kamiyan mujh mein par woh mujhe meri kamiyon ke bawajood bhi apna dost manti hai,
Koi kuch keh de uske baare mein toh uski khair nahin,
Uske baare mein kuch bhi galat sunn loon toh meri ankhein chad jati hai,
Yaad bahut aati hai yaar uski,
Zindagi ki Zimmedariyon ke wajah se woh mujhse mil nahin pati hai,
Par kuch bhi kaho woh badi soni lagti hai,
Saath agar mere chale toh duniya ki sulag jati hai,
Ab toh bas ek hi umeed hai,
Ek hi khwaab hai,
Ki woh khush rahe,
Woh abad rahe,

Kyunki badi pyaari aur lajwaab hai,
Haan hai ek ladki jo mere liye bahut khaas hai.

18. Kya Kar Raha Hoon

Ab aisa kya hai ki jisko chupa raha hoon main,
Khud apne aap se nazarein chura raha hoon main
Main janta hoon mohhbat kehte hain iss ehsaas ko,
Shayad isiliye tere khayalon mein doob kar muskura raha hoon main.

Abhi bhi tere baare mein soch raha hoon main,
Tujhse milne ke khayal bhar se khush ho raha hoon main,
Teri mohhbat bahut keemti hai mere liye,
Shayad yahi soch soch kar phir muskura raha hoon main.

Jo baat kehni hai usse kehne mein bhi hichkicha raha hoon main,
Teri mohhbat ki dhunn ko mann hi mann gunguna raha hoon main,
Main janta hoon teri mohhbat har kisi ke naseeb mein nahin hai,
Tu sirf meri hai sirf iss ehsaas bhar se khilkar muskura

raha hoon main.

Mere dil ki saari baatein aankhon se bata raha hoon main,
Kehna ya jatana mujhe aata nahin isiliye likh kar bata raha hoon main,
Tujhse mohhbat rab ka ek vardaan hai mere liye,
Shayad Isiliye usse khone ke darr se hichkicha raha hoon main,
Na jaane kyun mere dil ki baat batane se ghabra raha hoon main,
Kahin dur na ho jaun tujhse shayad isiliye sab kuch chupa raha hoon main.

19. Mujhe Tera Ho Jana Hai

Mujhe kho jana hai,
Sab kuch bhulkar tera ho jana hai,
Tu chae ya na chae,
Par ab toh bas tera ho jana hai.

Girna hai,
Sambhalna hai,
Khulkar hasna hai,
Aur phir tutt kar bikhar jana hai,
Arre zindagi toh ab sirf ek maqsat se jeeni hai,
Ki mujhe bas tera ho jana hai.

Dil ka haal sunana hai,
Jo kuch kiya zindagi mein woh tujhe batana hai,
Apni baaton ko batana hai,
Apni kahaniyon ko sunna hai,
Apni khushiyon ko jatana hai,
Apne dard ko baantana hai,
Bas yeh sab karte karte kahin kho jana hai,
Mujhe toh bas tera ho jana hai.

Na kuch sochna hai,
Na kuch karna hai,
Bas kahin akele mein teri god mein sarr rakhkar so jana hai,
Na kuch samjhna hai,
Na kuch samjhana hai,
Bas tujhe bahaon mein bharkar tere geeton ko sunte jana hai,
Bas ek hi khwaab hai ab toh zindagi ki,
Ki mujhe toh bas tera ho jana hai.

Zindagi ka har din tujhe aankhon ke samne panna hai,
Subha ki chai ki pheli chuski mujhe tujhe pilana hai,
Tere saath rehna hai,
Tera saath muskurana hai,
Zindagi ka har lamha tera saath guzarna hai,
Ab toh kya hi khona hai aur kya hi gawana hai,
Mujhe toh bas tera ho jana hai.

20. Aap Aayi

Maine raah likha,
Aap manzil bankar aayi,
Maine khudko musafir likha,
Aap humsafar bankar aayi,
Maine samundar likha,
Aap kinara bankar aaye,
Maine hunar likha,
Aap hunar ke qadradan bankar aaye,
Maine ehsaas likha,
Aap sukoon bankar aaye,
Maine dhundhla aasman likha,
Aap dhoop si roshni bankar aaye,
Maine khush hona likha,
Aap meri khushi bankar aaye,
Maine apne andar ke dukh ko likha,
Aap marham bankar aaye,
Maine zindagi mein ek sangi ki chahah ko likha,
Aap woh saathi bankar aaye,
Maine ek haseen khwaab ko likha,
Aap uss khwaab ki Haqeeqat bankar aaye,

Maine phool likha,
Aap gulab bankar aaye,
Maine ek sher ko likha,
Aap puri kavita bankar aaye,
Maine dukh bhare ateet ko likha,
Aap khoobsurat bhavisya bankar aaye,
Maine kuch acche karmon ko kiya,
Aap unn karmon ka daal bankar aaye,
Maine zindagi ko likha,
Aap uss zindagi ka ek khoobsurat hissa bankar aaye,
Maine kal Aaj aur har din aapse milne ki iccha ko likha,
Aap abhi mere samne aaye,
Maine yeh likha Maine woh likha,
Aap meri har likhawat mein nazar aaye,
Maine jab likha jo likha,
Bas sirf aapko hi likha.

21. Maine Likha

Maine ishq likha,
Aapka naam aaya,
Maine chaand likha,
Aapka chera nazar aaya,
Maine raat likha,
Aapka kaajal nazar aaya,
Maine jazbaat likha,
Aapka pyaar samajh aaya.

Maine mulaqat likha,
Aapse milne ke woh pal yaad aaya,
Maine aapki baaton ko likha,
Toh mano jaise koi haseen geet panno par utar aaya,
Maine pal likha,
Toh aapke saath bitaya woh pal yaad aaya,
Maine kal likha,
Toh aapke saath mera haseen bavishya nazar aaya.

Maine Heera likha Maine mooti likha,
Par dono hi aapke samne pheeka nazar aaya,

Maine shaam likha Maine savera likha,
Par dono se zyada khoobsurat aapko paaya,
Maine apno ko likha apno ke liye likha,
Par sabse zyada maza aapke liye likhne mein aaya,
Maine kal ke liye likha Maine aane wale kal ke liye likha,
Par sabse zyada khushi sirf aapke liye likh kar aaya.

Maine sach likha thoda juth likha,
Par sab mein sirf aapka zikr aaya,
Maine khwaab likha Maine apni iccha ko likha,
Par sab mein aapka deedar aaya,
Maine dukh likha Maine dard likha,
Usmein aapka marham bhara pyaar nazar aaya,
Maine sukoon likha,
Toh usmein aapki baahon ke sahare ko paaya,
Maine sab kuch khona likha,
Aur iss keemat ko chukakar aapko paaya.

www.ingramcontent.com/pod-product-compliance
Lightning Source LLC
Chambersburg PA
CBHW070647240926
51846CB00003BA/814
9789375102007